いのちの本

いのちの本／はじめに

この地球上に生まれ

この大地の上で命を生き

やがて命を全うする

あるいは家族や友や愛する人と

共に時間を過ごし

共に命を輝かせ

いつか誰かを見送り　見送られる

それはすべて　命の話

あなたの命の話

あるいは遠い地に生きる誰かの　命の話

安らかな死も　痛みを伴う死も

平等に「命の終わり」

だからいま　命のことを

あなたと共に考えてみたい

この本は　すべての人に　等しく一つずつ与えられた命を語る本です

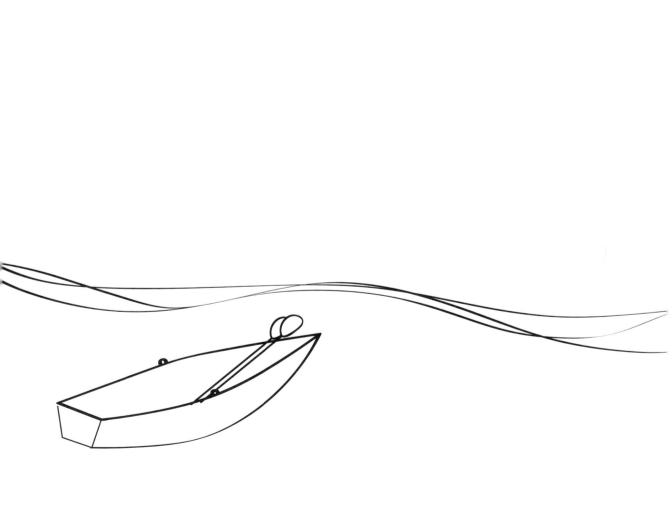

今から質問をします。
一度「答え」を書いてみて、
数年後にそれを読み直して、
また書き込んで。
自分の考え方の変わらないところ・
変わったところを、
ぜひ感じてみてください。

質問

自分が幼い時の思い出で、最初に浮かぶものはなんですか？

質問

最近自分の周りで亡くなった人や動物はいますか？

質問

あの世はあると思いますか?
ないと思いますか?

質問

神様はいると思いますか？
いないと思いますか？

質問

神様は1人だと思いますか?
たくさんいると思いますか?

質問

天国はあると思いますか？
ないと思いますか？

質問 7

もし生まれ変わるなら今の自分がいいですか？
違う自分になりたいですか？

質問

もしあの世があるとしたらまた会いたい人はいますか？
今はいませんか？

質問

心が安堵する場所や時間はありますか？
ありませんか？

質問

最後に聞きます。最近幸せと感じたことを、
一つ教えてください。

命についてのネガティブな質問

この10の質問は、あなたが心の中に押さえ込んでしまったネガティブな思いを書いていただくためのものです。捨ててもいい紙に質問の答えを書き、書き終えたらその紙は細かく破って、ゴミ箱に捨ててください。あなたの「もういらない思い」も、一緒にゴミ箱に捨てましょう。

質問①　あなたが最初に思い出す、子ども時代の嫌な思い出はなんですか？

質問②　信頼していた人に裏切られたことはありますか？

質問③　人に陰口を言われたことはありますか？　どんなことを言われましたか？

質問④　人に罵声を浴びせられたことはありますか？　どんな言葉を言われましたか？

質問⑤　頑張ったことを認めてもらえず、悔しい思いをしたことはありますか？　それはどんな状況でしたか？

質問⑥　複数で話をしていて、自分の話だけ聞いてもらえなかったことはありますか？

質問⑦　人の表の顔と裏の顔を見て幻滅したことはありますか？　相手は「裏の顔」で、どんな顔をしていましたか？

質問⑧　深く孤独を感じたことはありますか？　それはどんな時ですか？

質問⑨　死にたいと思ったことはありますか？　それはなぜですか？

質問⑩　死にたいと思った時に、誰に会いたいと思いましたか？

宗教、無宗教の話

「宗教」の話をしよう

1 宗教ってなんだろう？

世界中には、とても多くの宗教が存在しています。
それは何故でしょう？

世の中には人に自分の考え方を伝えることを役割として
産まれてきた人達がいます。物事を深く深く考え、
「生きるとはどういうことか？」
「人はどう生きていったらよいのか」
「死んだらこうなるよ」ということを、
彼らは彼らを慕っている人達に口頭で伝えました。
彼らを慕ってきた人達は、
その言葉を深く深く納得し、文字に書き留め、
その考えをもっと多くの人に伝えようとしました。
それが、宗教の始まりです。

彼らは初めから宗教家だったわけではなく、

一個人として、**生命の神秘や誕生**、

生きている上において起こる**迷いや苦しみ**、

死後の世界について、自分の考えを人々に伝えたのでした。

世界中には数限りない宗教があります。

信じるも信じないも個人の**自由**。

そして、自分の考えにどんな宗教が合うか見いだすことも、

個々の人々に与えられた**自由**。

そして、どう学びどう考えるのかも**自由**です。

2 無神論者のこと

宗教には「一神教」と「多神教」があります。

自然に満ち溢れた地域では、

自然の中で様々な神様を見いだしていきました。

これが「多神教」です。

対する「一神教」というのは、

「神は一つであり、

人や自然さえも**その神が作り出している**」

という考えのこと。

いっぽう

「その考えを描いているのは自分自身なのだから、

神はいないのだ」

と考える人を無神論者と言います。

無神論者は自己の考えを優先し、

神様に全てを委ねることはしません。

自分がどう考え、どう行動しようが自由

という考え方です。

世の中の仕組みに資本主義、社会主義、共産主義があるように、

神様についても様々な考え方があります。

3 カルマ、原罪のこと

カルマとは、仏教で言うところの「業(ごう)」のこと。

仏教には前世、現世、来世があり、今生きているのが現世です。

魂は永遠であり、肉体が前世、現世、来世へと生まれ変わるのです。

この現世では、考え方や生き方を見直し、

悟りを開くことを目的としています。

しかし それがなかなかうまくいかないときもあります。

その原因は、前世からの影響、

カルマ（業）にあるのかもしれません。

そのカルマ（業）から解き放たれ、慈悲の心を持ち

涅槃の境地に入るように教えていくのが仏教です。

いっぽうキリスト教には「原罪」という言葉があります。

原罪とは、アダムとイブの時代まで遡り、

今肉体を持っていること自体が罪であるという考え方です。

キリスト教においては、今の自分のままあの世に行きます。

そこで正しい行いをした者は**復活し、楽園にいける**と教えられます。

キリスト教で多く語られるのは、「愛について」です。

4 愛について

仏教に「愛」という思考はありません。

なぜなら仏教では、自己の確立、解脱を目的とするからです。

「愛」という思考はありませんが、「慈悲」という言葉があります。

慈悲とは、悲しみを慈しむ心、

他者に対して哀れみを感じる気持ちのこと。

そんな果敢(はか)なさを感じる気持ちを大切にしながら

自分とは？と説いていくのです。

それに対してキリスト教は「愛」を強くうたいます。

神がいるから信じるのではなく、

信じるから神が存在するのです。

その「絶対神」の神様。

神様から受けた愛、他者への愛のみならず、

すべて神様に身を委ねる愛の思想は、

現世だけでなくあの世の楽園まで続き、

「原罪を打ち消すには愛が必要である」と説いています。

憎むべき者にすら、キリスト教は愛を伝えます。

「いのち」の話をしよう

「いのち」の話をしよう

1　ガラス細工

ギリシャ神話の研究者が、こんなことを言っています。
「人生とは振り返ってみると、実によくできた
　美しい**ガラス細工**のようなものだ。
　そのガラス細工の中のガラスがお互いを照らしあい、
　反射し、光を導き出していく。
　そのひとかけらひとかけらが、人と人とを結びつけていく。
　愛する人や動物が亡くなった時は、
　深い悲しみに見舞われ、目の前に薄い霧がかかり
　息をすることさえも苦しく感じ、
　時間の過ぎるのがゆっくりのような、速いような
　なんとも言えない感じになる。
　しかしいつしか時が過ぎ、時間に癒され、その過ごしてきた時間を
　自分の胸の中にある宝箱からそっと引き出し、
　思い出に触れるとき、
　今自分が生きている意味や喜びを
　知ることができるのかもしれない」と。

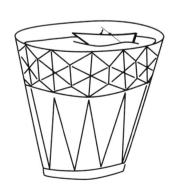

2　虹の橋

あの世には「虹の橋」があるといいます。
それは、この世とあの世を繋ぐ架け橋。
愛した人間のように、またはそれ以上に、
いつも側にいた動物達とのこの世での別れは辛いものです。
人間と動物は、書かれた文字で意思を伝えることも、
メールでお互いの意思を確認することも、
言葉を交わすこともありません。
だからこそ余計に**無償の愛**が伝わる関係です。

「虹の橋」のふもとには、この世で亡くなった者達が
楽しく遊んでいるほとりがあるのだと聞きます。
虹の橋を渡るためにそのほとりを通ると、
この世で一緒にいた**動物達が出迎えてくれる**といいます。
その再会は、人間にも動物達にも至福の時間。
虹の橋を一緒に渡り、あの世でもまた
そばにいることができるのだそうです。

しかし、一つだけ条件があるのだとか。
それは、この世でしっかり生きて、**自分の役割を果たす**こと。
そうした生き方をした人間にしか、虹の橋のふもとに行くことができません。
その存在すらも確認できないそうです。

誰かに生き方を決められることなく、
自分自身が**この世で悔いのない生き方**をした人は、
虹の橋のふもとに行くことができます。
それを望む行動をすれば、きっと行けます、虹の橋のふもとへ。

3 死者への思いは一方通行

この世からいなくなること、亡くなってしまうこと。
それはすべての人に、**必ず平等に訪れる**ことです。

しかし残された人の心の内はそれぞれ。
それを誰も知ることはできません。
あの世へと旅立った人や動物達への思いは、
常に残された人からの **一方通行** で終わります。
残された人の思いに対して、
あの世からはっきりとした返事や答えはなく、
それでも思いをはせる。
そうして残された者は、自分の一方通行の思いを届けようとします。
「ああすれば良かった。こうすれば良かった」
と後悔する思いは、必ずあるものです。
でも何より大事なのは、自分自身が **今** を大切に生きること。
思いを寄せて後悔するより、今を大切に。
自分のいのちを大切に生きること。
それが何よりも大事なことです。

4 エピファニー「至高体験」

人間は意識して考え、意識して身体を動かします。
しかし時として、**無意識**の状態で身体が動くと
感じられるときがあります。
それは、スポーツの世界で多く体験できます。
自分の意識を超え、何ものかにつき動かされる。
神を信じている人は、神が自分の身体を司っていると感じます。
その無意識の瞬間を「**エピファニー**」と呼びます。
また音楽家や芸術家など、ある種の表現者や作家達も、
同じように至高体験を得ることによって
作品が生まれるのかもしれません。
そんな素敵なことが起こり得る世界が、この世なのです。

5 「1人称の死」「2人称の死」「3人称の死」

人や動物が亡くなったとき、残された者の感情は複雑です。
「三人称の死」とは、全く見知らぬ人の死との対面です。
眼に映るのは、**魂の抜けたただの肉体**のよう。
慈しむ心はあったとしても「可哀想」としか感じ得ないものです。

「二人称の死」とは、貴方の身近な親しい人や、動物の死。
「可哀想」「悲しい」など、さまざまな感情が湧きおこります。
深い悲しみと慈しみ、嘆きに心が覆われ、
生きていたときの思い出が心の中をしばらく駆け巡ります。

そして**「一人称の死」**とは、自分の死。
**自分が死んでしまうということを、
自分がどう感じるのかは永遠の謎**です。
なぜなら臨死体験こそすれ、完全にあの世に行ってから
この世に戻ってきた人など1人もいないのだから。

死者に対しては、悪い感情や裁く感情は薄れ、
感謝の気持ちが強く残っていきます。
死者に対しての「礼」は、
誰しもがもつ人間の優しさだと思います。

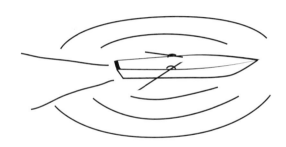

6　天災

時として自然は、それまでに見たことのない脅威で、
その **圧倒的な力** で、
人間が作りだした文明を、なす術もなく奪い去ります。
神社仏閣ですらその脅威に飲み込まれ、**崩壊** してしまいます。
象徴を奪い、多くの人の命さえ奪います。
「あぁあ」
多くの人はそんなとき、この言葉にならない言葉を
無意識に発すると言います。

一つの命も、たくさんの命も、同じです。
奪われた命が一つだけだったからよかった。
たくさんだから残念だった。
──そういうことではないのです。

天災による大惨事の後は、嘘のように **静けさ** が訪れます。
人は普段、一人で生きているような錯覚を起こしますが、
そんなとき、実は多くの人と繋がり生かされているという
現実を思い知らされます。
一人で生きているなどという **傲慢な考え** を見直し、
残された者達と力を合わせ復興していく。
人の歴史は、そういう受難を受け、また復興していくのです。
それができるのが **人間の強さであり、素晴らしさ** です。

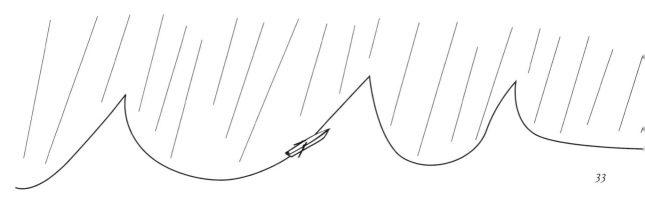

7　ある結婚式場

とある**神父の話**です。

結婚式での誓いの言葉の後の、神父の話。
ほんわかと幸せに満ちた会場で、神父が新郎新婦に向けた
お祝いのお言葉は、**「神様はいません」**。
みんなは「？？？」という表情。
神父「自分は、神様はいないと思います」
新婦は泣きそうな顔。
新郎はびっくりし、焦っている様子。

そのあと神父は、とても大事なことを語っていました。
「神様はいないけれど2人はいます。お互いの中に神様はいます。
　だから毎日、少しでもよいから、
　お互いを抱きしめて下さい。
　抱きしめなくとも、お互いの存在を確かめ合って下さい。
　人は誰しも**コンプレックス**を持っています。
　そのコンプレックスは、大きなものから小さなものまで様々です。
　そのコンプレックスという名前の、自分の荷物は脇に置き、
　相手の荷物を持ってあげましょう。
　その時、自分の荷物の重さは感じられず、
　相手の荷物の重さに気づくでしょう。
　それが 真実の愛です。」

これから新婚生活を迎える新郎新婦に送られた、
少し変わった**愛の話**です。

8　戦争

人は何かを憎むためにこの世に産まれたのではありません。

しかし、**唯一憎むべき出来事**があります。それは**戦争**です。

戦争は、愛する人、愛する子ども達を連れていきます。

また、何の罪もない子ども達さえ戦争の犠牲者になってしまいます。

これまでずっと人類は、天災ではなく戦争という人災を多く招き、

殺戮(さつりく)の歴史を繰り返してきました。

「覇王主義」という言葉があります。

国を守り、民族を守るという大義名分を掲げて

戦争を繰り返し、領土を増やし、殺戮を繰り返し、

いずれは自分のイデオロギーで世界を統一するという、

正気とは思えない思考の代表者達によって戦争は繰り返されます。

この世で一番憎むべき出来事、それが戦争です。

9 サプリと人工知能 対 体を動かすこと

パソコンやスマートフォンの向こうには、無限の世界が広がっています。
行ったことのない場所、食べたことのない料理、読んだことのない本、
会ったことのない人、**あらゆる情報**が溢れかえっています。
それを目にして、あたかもそれを体験したかのような錯覚にとらわれます。
しかし実際のところは
「インターネット上にある情報を見た」だけのことなのです。

本当に人と会って会話をすることで生まれる**何か**。
足を運んで口にした料理に感じる**何か**。
本を読んで、本のページをめくる動作や、
指先に感じる紙の手触りも伴い感じる**何か**。
本屋さんに行って、通信販売では出合えなかった
「見知らぬ本」との出合いに感じる**何か**。

サプリで栄養を補うことはできるけれど、
サプリだけで生活しようとすると、体の機能は退化するでしょう。
それと同じように、体を動かして体験することは、
インターネットで情報を知るよりもずっと多くのことを
全身で知ることができるのです。

人工知能に頼るのではなく、道具の一つとして使いこなすこと。
体を使って、**積極的に様々な体験をしに出向く**こと。
それこそ今の、特にスマートフォンを手放せなくなっている人々に
必要不可欠なものなのでしょう。

10　忘れる？　忘れない？

人は忘れることができます。

誰かが亡くなったときに多くの悲しみにとらわれたとしても、

忘れることができます。

それは人間に与えられた **最高の機能** かもしれません。

時が経てばだんだん悲しみが薄まり、忘れていきます。

一度忘れたとしても、また亡くなった方と一緒にいたことを

思い出す機会があり、それもまた意味があります。

そのためにお葬式や法事があり、お墓があります。

共通の知り合いとその人のことを語り合うことで、

思い出を共有 することもできます。

生きていたあの時は、一緒に歌い、一緒に食べ、

一緒に眠り、一緒に涙し、一緒に笑いました。

亡くなってからは、**思い出の中で共に過ごす** ことができます。

「死者と共に生きる」

よい言葉です。

11　21グラム

ある宗教家の作家の話。
お姉さんの心臓が停止して、お医者様から
「ご臨終です」 と伝えられた後の話。
病室で姉妹2人だけになり、臨終を言い渡されたベッドの姉に
「お姉さんパクパク口を動かしてみて」と問いかけてみました。
すると不思議なことに、口をパクパクしたそう。
その後、お姉さんのご主人が病室に入ってきて
同じ問いかけをしましたが無反応。
ご主人が立ち去り、また同じように
「お姉さんもう一度口をパクパクして」と問いかけたところ、
また口をパクパクしました。本当に驚いたといいます。
これはどういうことなのでしょうか？

魂には重さがあり、生前と死後とでは共通して、
体重が**21グラム**減っているのだといいます。
肉体の一部として魂があり、魂が体から抜け出して
あの世に行ったから、その魂の重さの分だけ体重が減る――
というのは、物理学的にはあり得ない話です。

しかしそれが事実だとしたら、
「亡くなった人が夢枕に立つ」という話も納得できます。
もしかしたら、
魂があの世へ行ったりこの世に戻ったりしながら、
時間をかけてあの世へと旅立つのかもしれません。

だから、自分自身の肉体を見ることができたり、
遠く離れた場所に飛んでいき、この世に生きている人の元に現れるという
「臨死体験」があるのかもしれません。

自分が行ったことのある場所はもちろん、
地の果て、宇宙の片隅まで飛んでいけるとしたら、想像が膨らみます。
北極、南極、ハワイでもパリでもどこにでも行けるのかもしれません。
しかし死後四十九日を過ぎると、
自らあの世の場所を決めて逝かなければなりません。

ところで「死んだ」という自覚がない者は、
この世に霊として彷徨うのだといいます。
お坊さんには**「引導を渡す」**という仕事があります。
「あなたはもうこの世の人ではなくなった。
　あの世に行かなくてはならないのですよ」と、
ご臨終のときに諭すのが本来のお坊さんの役割だそうです。

四十九日が経つまで好きな場所に行っていた魂は、
いよいよあの世のどの場所に行くのかを決めないとなりません。

もし、あの世があったとしたら、
あなたは**どの世界**へ行くのでしょう？

12 縦の線　横の線

きっとこの世は、横に引いた線がまっすぐ横に続いている。
きっとあの世は、縦に引いた線がまっすぐ上に続いている。

生きている時の横の線。
逝ってからの縦の線。

その縦の線の先にあるのは、想像の世界。

仏教を信じる人は生まれ変わり、
キリスト教を信じている人は復活し、
無神論者の人は自由気ままに、
何もいらない人は何もない世界に、
きっと自由にいけるのです。

横の線の先にあるのは現実の世界。
不屈の精神で必死に生きたり、
誰よりも誰よりも頑張ってみたり。

ゆっくり生きたり、休んでみたり。
考えてみたり、考えてみなかったり。
人は様々な自分の考え方をもち、生きていきます。

花にも色々な種類があるように、
人の生き方もそれぞれです。
華やかに咲き乱れる花もあれば、
野に咲く花のようにひっそり佇む花もあります。

それぞれの色や形を持つからこそ、この世は美しい。
土の中からゆっくりと芽を出し、日の光を浴び、
雨露を浴び、風を感じ生長していく。
芽は蕾となり、やがて花が咲いて、いつしか散っていく。
また地上に種を残し、この世から去り、次の世界へと運ばれます。
途中で花開くことができないときもあるでしょう。
大きく華やかに咲き誇るときもあるでしょう。

あるがままに生き、
あるがままに逝く。
人は時と共に生き、時と共に過ぎていくのです。

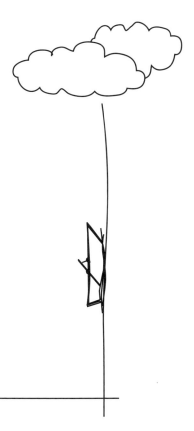

13　自殺

なぜ自殺をしてはいけないのか？
その質問に明確な答えはありません。
ある宗教家が言いました。
「自殺はしてはいけないから、してはいけない」
答えのないような答えです。
自殺をする人の中には
「死にたいわけではなく、この世に生きていたくないのだ」
と言う人がいます。
自殺はしてはいけない。
周りの人に迷惑がかかる。
親や子どもや友人が嘆き悲しむ。
多くの自殺願望者はそれをわかっていても、
それでもこの世にはもういたくないのだと言います。
逆に、「真面目に生きていたら自殺の一度や二度、
誰しもがしたくなるものだ」とも、ある宗教家は言います。

自殺をしたいと思った時、思い出してほしいこと
があります。
本当に良かったことなど人生で一つも無かったのでしょうか？
自分の好きな場所で気持ち良く息をして、
青く広がる空、煌めく星、良い香り、澄んだ空気を肌で感じた時。
自分の好きな食べ物を、とてもお腹が空いた時に「美味しい」と感じ、
お腹が満たされ身体が喜んだ時。
自分の好きな犬や猫や鳥等の動物達と心から触れ合い、
目と目が合い、遊び遊ばれ、気持ちが通じ合った時。
自分の好きな人と楽しい時間を過ごし、

このまま時間がずっとずっと続きますようにと願った時。
この世はもう自分のことを必要としないと感じたとしても、
死んでしまうのはもったいないと思いませんか？
それまで生きてみませんか？
人は誰1人として 永遠に生き続けることはできずに、
やがて必ず死が訪れます。
それまで生きてみませんか？
人は生きていれば負を感じることは必ずあります。負は連鎖し増長します。
その負を断ち切るのは、自分の意思でしかないのです。
それでも死にたいと思った時は、**ふっと頭に浮かんだ人**に
話してみませんか？
ただ黙って何も言わずあなたの話を聞いてくれるかもしれません。
少しだけ良いアドバイスを聞かせてくれるかもしれません。
凝り固まった心がほぐれるかもしれません。

そう。
この本を読んで、この文章を読んで、何かを感じられたアナタは、
まだ大丈夫なのです。
「死ぬ事以外はかすり傷」。
沖縄で米軍兵による暴行にあった少女の言葉です。

14 この世に残された方々へ

生きていくことに意味はあるのだろうか？

急な死の場合、亡くなる人から残された人たちには何の挨拶もできないまま、
あの世に連れていかれます。

事故や自殺で先立たれ、その場にいた人も、遠くで悲報を聞いた人も、
残された人の感情は様々で、他の者が測り知ることはできません。

あまりにもショックで悲しむ時間もなく、
涙も流れないほど現実感を失われた人。

突然の死に深い悲しみに心を奪われる人もいることでしょう。

長い時間、病で苦しんだ人を病院で看取った時も、
ぽっかり空いた胸の中に、その空いた穴を埋めることもできず、
思い悩む人もいるでしょう。

不慮の事故も、自分で死を選んだ命も、
時を重ね、老いて自然に招かれた死も、
一つの魂がこの世からなくなることに違いありません。

様々な宗教を持つ人も、無神論者も、必ず命はいつかなくなります。

大切なのは、自分の存在の意味がなくなったと感じた時に、
急いで答えを出さないこと。

様々な教えは教えとして、絶対ではありません。
どう感じ、どう受け入れるのかも自由です。

そして、今おかれている悲しみ、後悔の意味に今は答えを出さない。
その思いをやり過ごすことにより、
自分自身がこれから生きていく意味がわかる時が、
いつしか訪れます。
それまで待っていて良いのです。

お疲れ様です。
あの世に逝った方への思いは、ただそれだけでも良いのです。

15 祈り

祈りますか?
「**祈る**」ということを、難しく考えていませんか?

神社仏閣は、どこも清々しい空気が流れ、気持ちよい場所です。
ですからそこに出向いてお祈りするのもよいでしょう。
でも、わざわざその場所へ行かず、
内なる神や仏様に祈ってはならないということはないのです。

好きな言葉で
好きな時間に
好きな場所で祈ってみましょう。

その願いと共にありますように。
その想いと共にありますように。
その言葉と共にありますように。

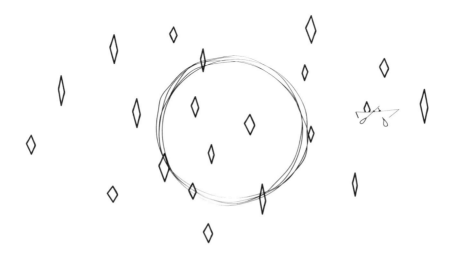

「いのちの質問」への、10人の答

回答者 **1 市川草介** (コーヒーカンパニー経営者／男性)

① 自分が幼い時の思い出で、最初に浮かぶものはなんですか？

野山で遊んでいた頃の記憶が鮮明です。東京で生まれ、小学2年生の頃札幌に越してきましたが、住んだのが野山に囲まれた場所で、田んぼにはホタルやカエル、山にはヘビやクワガタ、川にはドジョウやカジカがたくさんいて、一日中外で遊んでいました。幼少期のほとんどを野で過ごせたあの体験が人生のベースになっています。

② 最近自分の周りで亡くなった人や動物はいますか？

20代の頃に出会った恩師がこの間、膵臓癌で亡くなりました。現代美術に傾倒していた時代に、「表現」とは何かという問いに対して言語を超えた感慨をもたらしてくれた、私にとってかけがえのない恩師でした。

③ あの世はあると思いますか？ ないと思いますか？

「あの世がある、またはない」という問いや答えは形而上学的であり、お釈迦様も答えてはいないと上座部仏教では言っていて、日本の大乗仏教とは全く違っているから面白いなと思っています。もちろんお釈迦様は答えを知っていたと思いたいですが。

④ 神様はいると思いますか？ いないと思いますか？

神性至妙という言葉の通りこの大宇宙の成り立ちや、私たちの身体をも貫く法則（真理）そのものを神と言っていいと思います。

⑤ 神様は1人だと思いますか？ たくさんいると思いますか？

八百万(やおよろず)の考えが好きで、唯一神の考えはどうも自分には馴染めないところをもってして日本人を自覚する瞬間でもあります。

⑥ 天国はあると思いますか？ ないと思いますか？

一神教であるキリスト教での用法が天国と呼び、多神教である伝来仏教の浄土とは概念的にかけ離れているから自分には分かりません。

⑦ もし生まれ変わるなら今の自分がいいですか？ 違う自分になりたいですか？

「今の自分」がすでに「違う自分」の生まれ変わりじゃないかな。

⑧ もしあの世があるとしたらまた会いたい人はいますか？ 今はいませんか？

共に 95 歳で大往生した父方、母方の祖父に逢いたいです。

⑨ 心が安堵する場所や時間はありますか？ ありませんか？

物事が上手くいって安心することを「安堵」というそうだから、安堵がないと困るでしょう。

⑩ 最後に聞きます。最近幸せと感じたことを、一つ教えてください。

特別に今は不幸ではないのだから、きっと幸せなのでしょう…というように不幸が訪れないと真の幸せも分からないのでは？

回答者 2 飯野正行 (司祭／60歳／男性)

① 自分が幼い時の思い出で、最初に浮かぶものはなんですか？

流れる森。
3歳くらいにはすでにあったのですが、目をつむると必ず瑞々しい深い緑が見え、その森が上に行ったり下に行ったり、左に行ったり右に行ったりしていて、木漏れ日まで見える。いったい何なのか、いつのことなのか、何のことなのか、さっぱりわからない。目をつむると必ず見えるので、いつも不思議に思っていました。

② 最近自分の周りで亡くなった人や動物はいますか？

はい。知人や親戚です。
重篤な状態が続いておりましたので予想はしていたのですが、いざ逝去の報に接すると、「突然」の感を否めず動揺したのですが、ご遺族と接し、ご葬儀が進む中で、何故か心が落ち着き、何かに包まれているような、安堵感のようなものを不思議と覚えました。

③ あの世はあると思いますか？ ないと思いますか？

あると思います。
私はクリスチャンで聖書を読みますので、その中に「あの世」とか「神の国」とかに触れられております。そこがどのようになっているのか具体的にはわかりませんが、少なくとも「涙が完全に拭い去られる」所と言われていて、この地上で経験する困難も忍ぶ力（希望）にはなっていると言えるのかも知れません。

④ 神様はいると思いますか？ いないと思いますか？

はい。いると思います。
宗教がどうのこうのというより、この宇宙空間の無限性や、時間の永遠性を思う時、どうしてもそれらを超える存在と言いますか、第1原因とでも呼べる存在がいることになるのではないか、と素朴に思っています。自然の摂理や良心の声なども不思議に思えます。

⑤ 神様は1人だと思いますか？ たくさんいると思いますか？

はい。1人だと思います。
でもこれは、他の宗教を否定するものではありません。
神さまはきっと、宗教・国籍・様々な違いを超えて、太陽を昇らせたり雨を降らせたりしておられると思いますし、様々な働き方をされたり、様々な違う器を用いたりされるお方だと信じております。先日私が司式させていただいたご葬儀にも、僧侶の方が法衣を着て会葬者として参列されていましたが、このような方を心から尊敬いたします。私自身も他宗教のご葬儀にも参列させていただいております。

⑥ 天国はあると思いますか？ ないと思いますか？

はい。あると思います。
やはりここが私たち人間の究極的な慰めなのではないかと思います。
今までも幸せは経験してきましたし、これからも幸せを経験すると思うのですが、悲しみや痛みを経験してきたことも事実であって、やがてすべての痛みから解放され、永遠の平和と、永遠の喜びをいただく「天国」があると信じることは決して悪いことではないと思うのです。この世の頑張りの根源的力となるように思います。

⑦ もし生まれ変わるなら今の自分がいいですか？ 違う自分になりたいですか？

この自分自身は決して嫌いではありません。
ただ、もう少し健康な人間でいたいと思います。どんな職業にもなれるとするなら、子どもの頃は、指揮者になりたいと思っていました。「ぼっこ」（指揮棒）一本を持って、世界中を駆け回り、オーケストラを指揮したいと。音楽の成績は良くなかったのに不思議です。

⑧ もしあの世があるとしたらまた会いたい人はいますか？ 今はいませんか？

はい。います。
両親や姉です。母は私が小学6年生の時に亡くなりました。父は20年ほど前に78歳で亡くなりました。私は男ばかりの3人兄弟と言われるのですが、じつは一番先に生まれたのは姉で、生まれて2日目に亡くなりました。
尊敬する詩人や作家、画家や音楽家や「聖人」と呼ばれている方々にもお会いしたいと思います。

⑨ 心が安堵する場所や時間はありますか？ ありませんか？

はい。あります。
聖書の中に出てくるキリストの、悲しいくらいの愛に、心震え、安堵します。
実際の場所・空間に安堵する所があるかというと、おそらく、妻の声が、くしゃみが聞こえるところかな、と思います。それ以外ですと、寂びれた、硫黄の匂いのする温泉だと思います。ゆっくりと浸かり、美味しい物をたべ、夜9時半ころに甘いお菓子があれば最高です。

⑩ 最後に聞きます。最近幸せと感じたことを、一つ教えてください。

単身赴任をしているのですが、食材はほとんど生協で買います。単身生活が淋しいのか、生協のレジのお姉さんに何気なくなにか一言話しかけたことがあったのですが、そのお姉さん、こんなおじさんに言葉を返してくれました。行くたびに何か一言語らうようになりました。冬が苦手だそうです。つい先日気温がマイナス20度だったのですが、「さんむいね〜」と私が言うと、お姉さんは顔をくしゃくしゃにして「寒いですね〜」と返してくださった。なんか、いのちの温もりを感じたような気がして、幸せを感じました。

回答者 3 佐賀のり子 (学校法人北邦学園理事長／48歳／女性)

① 自分が幼い時の思い出で、最初に浮かぶものはなんですか？

幼児期についてはほとんど記憶にありません。主な記憶や思い出は、ほとんど小学生くらいからです。けれど小学校の時のことも、過去のことを思い返す習慣があまりないので、ほとんど忘れてしまっています。

小学校の時は隣の家の男の子と女の子のきょうだいと一緒に、裏の空き地で遊んでいたことをたまに思い出します。

② 最近自分の周りで亡くなった人や動物はいますか？

この「いのちの本」の原稿を依頼された時「あ、また彼からの合図が来た」と思いました。もう20年も前に亡くなった高校の同級生の男の子です。

高校時代ほんの少しの間おつきあいしていました。その後卒業して私は進学、就職。彼は成績も良かったし、本人も進学したかったと思いますが、母子家庭で4人兄弟の長男という状況もあり進学をせず就職しました。その後27歳で彼は事故によって亡くなってしまいました。うぬぼれみたいですが彼はずっと私のことを好きでいてくれたと思います。（他に恋人はいたとしても）成人してからも思い出したように年に数回は連絡をくれていました。

実は私は彼の死をしばらくは知らず、結婚式の前日に偶然会った高校時代の友人から彼が亡くなったことを聞きました。

それ以来ふとした時に彼が合図を送ってきます。そして私に彼のことを思い出させるのです。（私はそれほど彼に思い入れがなかったので）最初は悲しく申し訳ない気持ちがあったのですが、段々慣れてきて、もう今は何か合図があると「まったくどんだけ私のこと好きだったんだ！」と心でツッコミ入れています。この原稿依頼が合図だと思った理由はこの本のテーマとこの質問。彼は金田君という名前の男の子でした。

・・・・・合図と思っているのは全部私の勝手な妄想なのかな。

③ あの世はあると思いますか？ ないと思いますか？

あの世という感覚がよくわからないのです。自分の都合により「天国はあり」なのですが。

あの世とは、天国と地獄を合わせたものか、それとも「四次元の世界」的なものなのか。「あの世」のことを考えていたら、子どもの頃に読んだ四次元の世界の本がとても恐ろしかったことを思い出してしまいました。

④ 神様はいると思いますか？ いないと思いますか？

高校時代、遠藤周作の「沈黙」を読んだ時とても衝撃的で、神様はいないのかもしれないと思いました。けれど小さい時から誰に教えられたわけでもないですが、自然に何か神様のような大いなるものがいるのではないかと信じていました。何も宗教は持っていませんが、小学生の頃は夜寝る前にいつも「ママとパパがずっと死にませんように」と「地球のみんなが幸せになりますように」と祈っていました。

⑤ 神様は１人だと思いますか？ たくさんいると思いますか？

私の感覚的にはひとりかな。

⑥ 天国はあると思いますか？ ないと思いますか？

知り合いじゃなくても、報道やニュースでやるせない死に直面し、どうにもこうにも気持ちのやり場がなく苦しくなる時があります。そんな時、その亡くなった方は今、美しい場所で、神様に愛され、美味しいものを食べ、楽しいことだけをしてとても幸せにしていると想像して心を整理します。そう考えると、天国ってそんな風に、人間が作り出していったのかもしれないですね。きっと天国はあるのでしょう。

⑦ もし生まれ変わるなら今の自分がいいですか？ 違う自分になりたいですか？

今の自分で良いのですが、生まれ変わったらもうちょっとマシな自分になりたいな・・・と思いつつ同じだったらまた怠け者で変わらないかもという気がします。
けれど素晴らしい方たちとの奇跡的な出会いにより今の自分が育まれたと思っているので、人に恵まれなければ今よりもっと堕落したヒドイ人になってしまうかもと思うとコワイです。

⑧ もしあの世があるとしたらまた会いたい人はいますか？ 今はいませんか？

全く思いつかないのです。親しい人を亡くしたこともなく。祖父母は４人とも亡くなっていますが、冷たい孫の私は特に会いたいとも思わず。
亡くなった世界の偉人とか歴史上の人物なども考えてみましたが、誰も特に会いたい人はいませんでした。

⑨ 心が安堵する場所や時間はありますか？ ありませんか？

心が安堵する状態をそんなに求めていないタイプなのかもしれないです。
変化や新しいものを好み、動き続け挑戦し続けることを好みます。こう書くととても生命力あふれた人みたいですが、そういうわけでもなくいつも「いつ死んでもよい」と思っていました。けれど子どもを3人産んだことが、とにかく生き続ける、死ぬわけにはいかないというモチベーションとなっています。今は毎日忙しくて安堵している場合じゃないという感じでしょうか。

⑩ 最後に聞きます。最近幸せと感じたことを、一つ教えてください。

答えやすい質問から答えて行ったらこの質問が最後に残りました。
幸せを感じたことは、最近ももちろんありました。
けれど幸せを感じることって秘密にしておきたいことが多いのは私だけでしょうか。いくつか候補を考えてみましたが、本当に平凡な「子どもたち3人それぞれと楽しく遊んで、私も子どもも楽しくて満足した時」というようなこと以外では自分ひとりで秘めておきたい幸せでした。

回答者 **4** 兎ゆう（朗読家／女性）

① 自分が幼い時の思い出で、最初に浮かぶものはなんですか？

私の母は、バスガイドをしていました。小学校の修学旅行の際、函館のトラピスチヌ修道院で、勤務中の母にばったり会ったことがありました。繁忙期で、他の親御さんのように、娘の見送りができないことがわかっていた母が、せめて函館で会うことができるようにと仕事を調整してくれたのでした。担任の先生が、私と母の写真を撮ってくれました。その写真は、今では私の宝物です。

② 最近自分の周りで亡くなった人や動物はいますか？

母を亡くしました。母は、骨髄異形成症候群という不治の病を抱えていました。私の誕生日のことでした。いつもならメールや電話を必ずくれる母から、連絡がありませんでした。次の日になっても音沙汰がなく、心配になって一人暮らしをしていた母の家に行ってみると、母は既に亡くなっていました。忘れっぽい私が、母の命日を忘れないように、母は私の誕生日近くに旅立ったのだと思います。

③ あの世はあると思いますか？ ないと思いますか？

私は、どちらかというと現実的な人間でした。しかし、母が亡くなってから、「あの世があったらいいな。」と思うようになりました。あの世があれば、母が私を見守ってくれていると思えるからです。あの世があれば、いつかまた母に会えるからです。もし、また母に会えたなら、話したいことがたくさんあります。「あの世」は、残された者の悲しみが生み出したものかもしれません。

④ 神様はいると思いますか？ いないと思いますか？

何か後ろめたいことや人に言えないことをしているとき、誰かに見られているような気がすることがあります。悪いことをしたとき、バチが当たるのではないかと感じることがあります。私たちをどこか遠くから見ている、私たちにバチを当てるかもしれない存在、それが神様のようなものではないでしょうか。神様は、存在するというよりは、人間が心で感じるもののように思います。

⑤ 神様は１人だと思いますか？ たくさんいると思いますか？

綺麗な月を見たとき、樹齢数百年という大木の前に立ったとき、思わず手を合わせることがあります。神様のようなものをそこに感じるからかもしれません。だとすれば、神様はあらゆるもの、あらゆるところに宿っているのではないでしょうか。

⑥ 天国はあると思いますか？ ないと思いますか？

死後の世界があるとするならば、天国や地獄といった区別はないのではないかと思います。亡くなった人たちは、時間や空間という人間の概念には当てはまらないどこか一所に存在し、生きている者たち、残してきた者たちのことをみんなで見守っているように思います。

⑦ もし生まれ変わるなら今の自分がいいですか？ 違う自分になりたいですか？

生まれ変わっても、この声に生まれ、朗読に出会いたいです。でも、今の私とは、まったく違った人生を歩みたいです。普通の家庭に生まれ、普通に結婚し、普通に家庭を持つ。そんな毎日の彩りとして、朗読がある。そういう人生を歩みたいです。

⑧ もしあの世があるとしたらまた会いたい人はいますか？ 今はいませんか？

私は、母を看取ることができませんでした。そのため、「ありがとう」も「ごめんね」も、母に言うことができませんでした。もしあの世があるとしたら、母に会って、母のことが大好きだと伝えたいです。母に再会したとき、恥ずかしくない生き方をしなければならないと思っています。

⑨ 心が安堵する場所や時間はありますか？ ありませんか？

毎日が忙しすぎて、心がからからに乾いてしまったとき、美術館で芸術にふれると心が穏やかになります。
メイクを落し、ヘアバンドで前髪をあげ、よれよれのパジャマ姿でぼんやりしている私を可愛いといってくれる人。掃除や片付けが苦手で、お料理も得意じゃない私を好きだと言ってくれる人。人として間違っていることをしたとき、私を叱ってくれる人。そんな私を心から愛してくれる人と過ごす時間が愛おしいです。

⑩ 最後に聞きます。最近幸せと感じたことを、一つ教えてください。

心のあり方しだいで、日々の生活が幸せにも不幸せにも感じられるものだと思います。美しいものに感動し、文学に心震わす。生きており、愛する人がいる。それだけで、私は幸せであるかもしれません。しかし、今の私は、自分を幸せだと感じられる心のあり方を持ってはいません。「ただここにいるだけで幸せである」と感じられる心のあり方を育んでいきたいです。

回答者 5　堀 美穂 (カフェスタッフ／38歳／女性)

① 自分が幼い時の思い出で、最初に浮かぶものはなんですか？

小さい頃にピアノを習っていたのですが、その時のピアノの発表会の事です。
とても厳しい先生で逃げ出したくなった時もありましたが、自分の好きな曲を選曲し、その曲を完璧に弾けた時の喜びは今でも忘れられません。

② 最近自分の周りで亡くなった人や動物はいますか？

最近は私の周りでは亡くなった人はいませんが、家族以外でも『亡くなる』という事を耳にするといたたまれない気持ちになります。

③ あの世はあると思いますか？ ないと思いますか？

あると思います。
どの様な所かはよくわかりませんが、これから自分がどう生きていくかによって与えてもらえる場所なのではないでしょうか。私にはどんな場所が与えてもらえるのか…楽しい所だと良いのですが。

④ 神様はいると思いますか？ いないと思いますか？

いると思います。
人間は神様に創られたという話を聞いたことがあります。生活をしている中で『自分は生かされているんだなぁ。』と思う瞬間が度々あり、そのような時に神様はいるのだろうなと感じます。

⑤ 神様は1人だと思いますか？ たくさんいると思いますか？

いろいろな所に神様が祀られている場所はありますが、自然や人間を創られた神様は1人なのではないかと思います。

⑥ 天国はあると思いますか？ ないと思いますか？

あると思います。
嬉しい・楽しい・心地よいという幸福感でいっぱいの所ではないかと思います。ゆくゆくは…そんな所へ行きたいです。

⑦ もし生まれ変わるなら今の自分がいいですか？ 違う自分になりたいですか？

今までいろいろな経験の中で、自分を成長させてもらった事がたくさんあります。そのおかげで今の自分はとても楽しく快適に過ごせているので、また今の自分で生まれ変わりたいです。

⑧ もしあの世があるとしたらまた会いたい人はいますか？ 今はいませんか？

祖母に会いたいです。
穏やかで、いつも笑顔の素敵な祖母でした。亡くなる前、祖母の意識がある時に会わせてもらうことが出来ましたが、泣き顔で最後のお別れをしてしまいました。もしも会える事があれば、笑顔で祖母に会いたいです。

⑨ 心が安堵する場所や時間はありますか？ ありませんか？

公園をお散歩したり、Caféで読書をしたり、綺麗な景色を見たり。ゆっくり穏やかに過ごす時間です。

⑩ 最後に聞きます。最近幸せと感じたことを、一つ教えてください。

特別な事ではなく、ココロもカラダも健康で家族や周りの人たちと楽しく毎日を過ごせることに幸せを感じます。日常の些細な事に幸せを感じられることに感謝です。

回答者 6 八島美穂 (ライター／55歳／女性)

① 自分が幼い時の思い出で、最初に浮かぶものはなんですか？

親戚のおじいちゃんの膝の上か、横で、本を読んでもらっていたこと。
当時、住んでいた家に縁側があったかは不明だけれど、窓際の板間で。
読んでもらっていた本の1冊だと思われるイソップ寓話は、今も押入れの段ボールに入っている。

② 最近自分の周りで亡くなった人や動物はいますか？

一番身近な存在は母親。

③ あの世はあると思いますか？ ないと思いますか？

あるのだろうと思うが、どんな世界かは想像できない。

④ 神様はいると思いますか？ いないと思いますか？

いると思う。形のない存在。

⑤ 神様は1人だと思いますか？ たくさんいると思いますか？

森の中にも、山の中にも、いたるところにいるのだと思うが、たくさんいるように見えて、実は一つなんじゃないかとも思っている。

⑥ 天国はあると思いますか？ ないと思いますか？

よくわからない。

⑦ もし生まれ変わるなら今の自分がいいですか？ 違う自分になりたいですか？

どちらでもいい。

⑧ もしあの世があるとしたらまた会いたい人はいますか？ 今はいませんか？

今まで出会ってきた大切な人に会いたい。直接でなくても、どうしているか知りたいという感情。

⑨ 心が安堵する場所や時間はありますか？ ありませんか？

そこに行けばリラックスする場所はあるが、必ずリラックスできるとも言い切れないので、タイミングや体調、気分が噛み合えば、リラックスできる場所がある。

⑩ 最後に聞きます。最近幸せと感じたことを、一つ教えてください。

気の合う友人と、美味しいものを食べながら、にこやかに話した後「あー楽しかった」と思えた瞬間。

回答者 7 松﨑義行（作詞家・詩人／53歳／男性）

① 自分が幼い時の思い出で、最初に浮かぶものはなんですか？

盆踊りの日に浴衣姿の母の後ろに隠れて、賑やかで美しい景色を眺めていました。世間と交わる恐怖や不安がいっぱいでたまらない思いでした。そのとき、自分が歌って録音された盆踊りの歌がスピーカーから流れてきました。「海ほおずきの歌」でした。切なさを感じました。

② 最近自分の周りで亡くなった人や動物はいますか？

父が亡くなりました。父が好きだった黒ネコが死にました。どちらが先だったのか、順序が思い出せません。父のあとに亡くなった人も他にいると思うのですが、パッとは思い出せません。

③ あの世はあると思いますか？ ないと思いますか？

あの世はこの世の中にあると思います。仮にあの世に行っても、この世のことを思い出すことはできないと思います。そんな未練っぽい生き物だとしたら、ヒトはたいしたことないと思います。

④ 神様はいると思いますか？ いないと思いますか？

神様も仏様もいると思います。いるからこそ言葉があると思います。ただし「神も仏もない！」と思ったことは何度もあります。そんな時にも、小心者の私は、神社や神聖とされる場所に行くと敬意をはらっていました。

⑤ 神様は1人だと思いますか？ たくさんいると思いますか？

無数にいると思います。神様を思い描いた人の数だけは少なくともいると思いますが、もうこの世にいない人や動物もいるので、数え切れないほどの神様がいるのではないでしょうか。ただし、同じ神様を他の方向からみて、違う神様だとカウントされるなどのミスも考慮すべきです。

⑥ 天国はあると思いますか？ ないと思いますか？

天国はありますが、満員になってから随分時間がたっているため、入場制限がかからないかが心配です。

⑦ もし生まれ変わるなら今の自分がいいですか？ 違う自分になりたいですか？

自分の「死にざま」を見てみないと判断がつきません。いい死に方をしていたら、もう一度、ほぼ自分でもいいと思います。（欲をかくとろくなことにはならなさそうで）。

⑧ もしあの世があるとしたらまた会いたい人はいますか？ 今はいませんか？

死んでいるかどうかわからないのですが、初恋の人に会って、キスして、デートしたいです。そのひとは私の中ではいま11歳です。

⑨ 心が安堵する場所や時間はありますか？ ありませんか？
1　恋は叶わなかったが友達でいてくれる彼女の家のベッド。
2　梅田のヒルトンプラザのベンジャミーノ、淡路島の夢舞台にあるホテルのカフェ、朝、仕事する前にアイスコーヒーを飲む近くの喫茶店（プロント）。
3　アメリカのおもしろ動画を紹介するテレビ番組を観て大笑いしている時。

⑩ 最後に聞きます。最近幸せと感じたことを、一つ教えてください。

よく思い出せないのですが、最近、私の何かのことを、誰かに褒められ、照れながら笑ったことがあったような気がします。そのとき幸せを感じました。

回答者 8 ソガイハルミツ（農民／43歳／男性）

① 自分が幼い時の思い出で、最初に浮かぶものはなんですか？

とにかく、イタズラっ子で親戚中から「ワルミツ（名前ハルミツより）」と言われてました。何か、困らせるような行為ではなく好奇心、興味本位でやっていることが結果的にイタズラと評価されるものばかりで。だから、親や親戚、従兄弟、再従兄弟など身近な人達に、怒られている記憶です。

② 最近自分の周りで亡くなった人や動物はいますか？

もう17年にもなりますが、今の農業をする切っ掛けは、父親の病死でした。何か、悲しいとか、そのような感傷よりも生きものの死のような、客観的な感覚を持っていた記憶があります。また、オーガニックの畑では常に、生死の繰り返される事象です。宮本武蔵の「生きることは死ぬこと」との言葉通り、死に方が、生きてきたことの連続でしかないことを気付かされます。

③ あの世はあると思いますか？ ないと思いますか？

この世という、世間一般でいう共通認識と同じかどうかは、正直わからないとこですが、人体の細胞は48時間で全て入れ替わり、体内自体も100億ほどの生命体のコミュニティでしかありません。そう考えると、物質を留め循環させている精神こそ、その生きもの個体のコアという解釈を、僕はしています。この世やあの世、精神構造の在り方である一定の次元空間において存在を自覚していることがそれにあたるのではないかと、畑の生きものを見ていると感じます。

④ 神様はいると思いますか？ いないと思いますか？
⑤ 神様は1人だと思いますか？ たくさんいると思いますか？

この国には、古来より八百万の神、などと多くのキャラクターの神という存在がいるとされています。それは、草木や石、水、様々な生きものも同じように神というカテゴリーで認識されてます。西洋文化における、信仰の神のような絶対的な力を持っている神の存在にはいささか不明を感じますが、いろんなアイデンティティと解釈できるような、精神や質量を神と解釈し信仰や感謝の対象にする思考は、いろんな形で自分を支えてくれる対象であるに違いないと思います。

⑥ 天国はあると思いますか？ ないと思いますか？

神への解釈と同じように、天国という、移動や選択の権利を有しない終着点という思考対象なのかな、と。それは信仰と同じように様々な形があり、また、死を迎える時に何も心配事がない状態で安らかに逝ける、のに対し、自分がやってきたことに対する不安感や、死んだ後に予想される財産などに関する争い事など不安を持って逝く、これらのことに対する比較は正に、天国と地獄なのかもしれません。

⑦ もし生まれ変わるなら今の自分がいいですか？ 違う自分になりたいですか？

ブラッドピッドのようなイケメンや、ジョンレノンのようなスーパースターなど、なってみたい好奇心はあるにせよ、まぁ、次生があるとするとまた、今の自分が落ち着くのかなと思います。もう少し商売のセンスを持っていると今のような苦労をせずに良いかもです（笑）。

⑧ もしあの世があるとしたらまた会いたい人はいますか？ 今はいませんか？

強いて、会いたいというか、話をしてみたい人は数名います。今の自分の思考を形成するのに大きな影響を与えくれたアントニ・ガウディ、アルバート・アインシュタイン、川合玉堂、ルネ・マグリット、彼らには会ってみたいですね。

⑨ 心が安堵する場所や時間はありますか？ ありませんか？

やはり、畑にいる時間が何よりも安堵を感じます。陽を浴び、風に吹かれ、土の暖かさを感じる。虫や鳥の声を聞き、自然のことを考える。何よりも心地よい空間と時間です。

⑩ 最後に聞きます。最近幸せと感じたことを、一つ教えてください。

小さな幸せはちょくちょく身近に感じます。好きな仲間にあったり、美味しいご飯を食べたり、知的好奇心をくすぐるものに出会えたり。日々が幸せです。

回答者 **9** 柿沼忍昭（僧侶／61歳／男性）

① 自分が幼い時の思い出で、最初に浮かぶものはなんですか？

母の背中。幼少の頃身体が弱く、よく熱を出した。クッタリした私は母におぶわれ、医院にむかう。その時の母の背中を今でも思い出す。心配げな母の息づかい、背中越しに私の不安をあおった。診断で大したことはないとわかった帰りの背中。注射で泣かないで頑張ったご褒美のアイスクリーム。何故か、よく思い出す。

② 最近自分の周りで亡くなった人や動物はいますか？

叔母が二人亡くなりました。家族葬なので、家族のみということで喪中ハガキで知りました。なんか寂しいですね。それに比べ、檀家さんの葬儀は村総出で執り行います。お骨拾いも全員で拾ってくれます。何かが受け継がれたような美しい葬儀です。どちらがいいのか、選ぶのは自分です。

③ あの世はあると思いますか？ ないと思いますか？

あるように思います。これは願望なのかもしれません。

④ 神様はいると思いますか？ いないと思いますか？

単体の神はいないと思います。ただ存在の全てにスピリッツを感じます。それが神なのではないかと思います。

⑤ 神様は1人だと思いますか？ たくさんいると思いますか？

思いません。存在の全てに神を感じます。

⑥ 天国はあると思いますか？ ないと思いますか？

ないともあるとも言えない。この世がこの世であるかわからないのに、天国という決定づけられた場所があることすらわからないのではないかと思います。

⑦ もし生まれ変わるなら今の自分がいいですか？ 違う自分になりたいですか？

今の自分でもいいし、違う自分でもいいです。あるがまま、ただまっとうして行くだけです。

⑧ もしあの世があるとしたらまた会いたい人はいますか？ 今はいませんか？

禅僧であった祖父
サラリーマンの父
孫の長光寺の住職
この三人で禅問答がしたい。

⑨ 心が安堵する場所や時間はありますか？ ありませんか？

只今単身赴任で修行している長光寺。 夕暮れ時間がたまらなく好きです。

⑩ 最後に聞きます。最近幸せと感じたことを、一つ教えてください。

近所の小学生が大きな声で、「狸ばやし」を歌いながら坐禅に来た時です。今の寺に入山の時、一休と良寛を足して二で割ったような和尚になりたい。そう宣言して入山した寺だからです。

回答者 **10** ここ (小学生／8歳／女性)

① 自分が幼い時の思い出で、最初に浮かぶものはなんですか？

2歳の時にローズガーデンでおじいちゃんとママとあそんだことです。

② 最近自分の周りで亡くなった人や動物はいますか？

いません。

③ あの世はあると思いますか？ ないと思いますか？

あると思います。

④ 神様はいると思いますか？ いないと思いますか？

かみさまがいなかったらいいことや、わるいことがおきないと思うので、いると思います。

⑤ 神様は1人だと思いますか？ たくさんいると思いますか？

1人だと思います。

⑥ 天国はあると思いますか？ ないと思いますか？

ないと思います。
なぜかというと天国は、お話の中のものだと思うからです。

⑦ もし生まれ変わるなら今の自分がいいですか？ 違う自分になりたいですか？

今の自分がいいです。

⑧ もしあの世があるとしたらまた会いたい人はいますか？ 今はいませんか？

オーストラリアのおばあちゃんに会いたいです。

⑨ 心が安堵する場所や時間はありますか？ ありませんか？

夜ベッドに入った時です。

⑩ 最後に聞きます。最近幸せと感じたことを、一つ教えてください。

今年のたんじょう日です。なぜかというと、たんじょう会がもりあがったからです。

☆ 回答くださったみなさまに、心からの感謝を。

編集後記

　半世紀近く生きてくると、それなりに人の死に直面する場面があります。それはとても悲しいこと。大事な人と、二度と話せない、手も触れられないという想像を超える喪失感が、深い悲しみへと人を導くのでしょう。でも自分が死ぬ場面を想像した時、私はある時期から死への恐怖心よりも、人生を全うした後の安堵感のようなものの方が想像しやすくなりました。
　この「いのちの本」の原稿を読んだ時、その安堵感に近いものが見えました。いのちを全うすること。いのちから逃げ出したくなった時に思うこと。宗教観や価値観の違う人と向き合った時のこと。辛い、でも生きたい——そんな切実な思いと向き合った時に思うこと。人に理解してもらえない、もらおうとも思えない深い暗闇に放り出された時に、それでも手探りで生きようとすること。そこを乗り越えた時、もしかしたら安堵感を得られるのかもしれません。

　金田さんが投げかけた答えに、みなさんはどんな答えを書きましたか？　私は、10人の回答者の文章を読みながら、十人十色の答えの彩りに感動を覚えました。そして読み返すうちに、遣う言葉は違えど、答えはとてもシンプルなものなのかもしれない…とも感じました。個々の中に真理があるのです。
　きっと、100％共感できる答えはないかもしれません。それもまた「真」です。あなたの答えを見つけ、また数年後に書き込み、いのちのことを考えるきっかけにしていただけたら嬉しいです。

　　　　　　　　　　　　　　　古川奈央（ポエムピース札幌編集長）

あとがき

この『いのちの本』は
小さなお子様から大人の方まで
やさしくわかりやすい言葉で
物事を少しでも良い方向に考え直したり
子供と親、友達などが
この本を通して
よりよく生きる生き方
いのちの大切さや尊さを
話し合うことができたら？
と思い作らせていただきました。

この『いのちの本』が
文字として言葉として
あなたに寄り添い、励ますことができたら
幸いに思います。

いのちの本

2018年4月5日　初版第1刷
著者　金田敏晃(かねたとしあき)

編集　古川奈央
イラスト　jobin.
写真　クイン久子
装幀　堀川さゆり

発行人　松﨑義行
発行　ポエムピース
東京都杉並区高円寺南4-26-5　YSビル3F　〒166-0003
TEL03-5913-9172　FAX03-5913-8011
表紙題字　深江京州
印刷・製本　株式会社上野印刷所
© Toshiaki Kaneta 2018 Printed in Japan
ISBN978-4-908827-37-2 C0095

この本の朗読動画をYouTubeにアップしています。
「いのちの本」で検索してご覧ください。